Votre chien

2. Lui apprendre la propreté.

Murielle Lucie Clément

Votre chien
2. Lui apprendre la propreté.

10 étapes simples et efficaces

MLC

A propos de l'auteur

Murielle Lucie Clément, titulaire de l'ACACED délivrée par la DRAAF
Ministère de l'Agriculture et de la Souveraineté Alimentaire, est l'auteur d'une petite centaine de livres. MLC vit dorénavant dans le Berry avec ses barzoïs et ses chats. Elle est fière de son potager, car elle privilégie la nature.

Collection Votre chien

1. Comment bien le choisir
2. Lui apprendre la propreté
3. Lui apprendre l'obéissance
4. Faites-en un ami agréable
5. Le garder en bonne santé
6. L'empêcher de mordre
7. L'empêcher d'aboyer
8. Bien le nourrir
9. En prendre bien soin
10. Les bases de l'éducation
11. Bien l'éduquer
12. Alimentation maison

Editions MLC
Le Montet
36340 Cluis

ISBN : 978-2-374320-670

Préface

« Votre chien 2. Lui apprendre la propreté » a été écrit dans l'intention d'aider les propriétaires de chiens. Il comporte des idées simples et efficaces à mettre en pratique pour l'éducation canine. Nous désirons tous un compagnon à quatre pattes obéissant, agréable, propre et bien élevé. Toutefois, pour l'obtenir, nous devons nous armer de patience et être conséquents. Il ne s'agit pas d'autoriser une chose un jour et de l'interdire le lendemain. Un chien, bien qu'il puisse comprendre beaucoup de choses, ne saisira pas certaines nuances de raisonnement qui pour nous semblent évidentes. Pour lui oui : c'est oui ; non : c'est non. Évitons donc les contradictions dans son éducation.

Une autre chose à éviter : les cris ! Un chien entend parfaitement bien toute parole prononcer sur le ton de la conversation. Donc, il est inutile de crier. Au contraire, cela le rend confus et peureux. Vous ne voulez surtout pas d'un chien qui aurait peur de vous, n'est-ce pas ?

Moi non plus. Mes chiens sont obéissants mais non serviles. Nous nous respectons mutuellement. Nous avons bâti une relation fondée sur l'amour et la joie d'être ensemble. Chacun d'eux a sa personnalité et son caractère propres avec des traits communs à leur race : les barzoïs et à tous les chiens.

« Votre chien 2. Lui apprendre la propreté » n'apportera aucune solution miracle à votre problème quel qu'il soit, mais il peut vous offrir une aide précieuse dans l'éducation de votre chien ou votre chiot. Par ailleurs, en parcourant l'Internet, vous trouveriez la plupart des idées qu'il contient. Cependant dans la collection « Votre chien », vous pouvez les retrouver rangées est classées par thème, sans avoir à accomplir de recherches fastidieuses.

Les étapes sont inspirées des plus grands comportementalistes canins et fondées sur ma propre expérience. Bien que rédigé avec le plus grand soin, ce livre n'a pas pour vocation de remplacer l'avis d'un vétérinaire ou comportementaliste canin. Il est uniquement destiné comme une aide dans l'éducation de votre compagnon et il offrira des pistes de réflexion certaines à ceux qui considèrent leur chien comme un membre de la famille à part entière.

Introduction

Vous avez décidé d'avoir un chien. Que ce soit un chien adulte ou un chiot, il va vous falloir l'éduquer si vous désirez avoir un compagnon agréable.

Teckel chiot

Un élément des plus importants dans l'éducation de votre chien sera de lui apprendre la propreté. Vous ne voudriez certainement pas d'un chien qui ferait ses besoins dans la maison, cela va de soi. Mais, pour que votre chien sache ce qu'il faut et ne faut pas faire dans ce domaine, vous devrez le lui enseigner. Ce qui signifie que vous devrez y consacrer du temps, être d'une patience exemplaire et, surtout, être cohérent. C'est ce que nous verrons dans la première étape.

Par ailleurs, dites-vous bien que les techniques cruelles pour éduquer les chiens ne sont plus de mise. Lui frotter le museau dans ses excréments ou le frapper avec un journal et espérer qu'ensuite il fera ses besoins sur un journal est tout à fait démodé. Nous en discuterons dans la deuxième étape.

Si vous voulez garder une maison agréable à vivre autant pour vous que pour votre chien, alors ne le laissez pas s'accoutumer à rester dans un désordre perpétuel. Les chiens, particulièrement les chiots, peuvent faire des dégâts. Soyez prêts à cela, mais habituez-le à en faire le moins possible et rangez et nettoyez pour lui donner les bonnes manières. Ce sera discuté dans la troisième étape.

La quatrième étape insiste sur le fait de ne pas gronder votre chien. Si vous savez qu'un chien entend en moyenne 400 fois mieux qu'un humain, vous comprendrez l'inutilité de lui crier dessus pour le réprimander. Un ton de réprobation suffit amplement à montrer votre mécontentement. Il est vain de pousser des hurlements.

Il n'est pas nécessaire d'avoir un chien de cirque et de le dresser dans les plus petits détails, mais un chien bien éduqué peut vous procurer beaucoup de plaisir et ce sera aussi une manière de vivre beaucoup plus réjouissante pour lui. C'est ce que nous regardons dans la cinquième étape.

Les petits chiens font des petits dégâts. C'est manifestement réel. Mais est-ce que cela en est plus agréable ? Des excréments de chien restent des excréments de chien et les notes de nettoyage pour les tapis et moquettes sont les mêmes pour les flaques d'urine de quel chien qu'elles proviennent comme nous le voyons dans la sixième étape.

La cohérence et la patience sont vraiment les deux clés d'une éducation aboutie. Deux thèmes que nous traitons dans la sixième étape. Armez-vous de patience et soyez cohérent. C'est à ce prix que l'enseignement de votre compagnon se fera aisément et dans la bonne humeur.

Boxer

Pour réussir l'éducation à la propreté, des horaires fixes sont très importants pour votre chien. De cette manière, comme nous le voyons dans la septième étape, il apprendra à le faire à des horaires qui vous conviennent à tous les deux.

Certaines personnes emploient un chenil comme aide à l'éducation de leur chiot. D'autres n'en voudraient pas pour un empire. Mais toutes sont d'accord pour se servir d'une laisse à certains moments comme nous le voyons dans la huitième étape.

Que faire si vous êtes résolument contre l'utilisation d'une cage comme aide à l'éducation de votre petit compagnon ? C'est ce que nous discutons dans la neuvième étape.

Et finalement, dans la dixième étape, nous voyons que l'alimentation de votre chien est des plus importantes. Tout changement dans son alimentation peut avoir des conséquences sur son comportement et aussi sur son élimination. Surveillez son alimentation et donnez-lui le meilleur. Ne rognez pas sur ce budget-là. Sa santé en dépend, son bien-être et le vôtre aussi.

Berger allemand

1. Patience et cohérence sont les clés de l'éducation réussie

Il y a très peu de chiens qui ne peuvent pas être éduqués – juste des propriétaires d'animaux qui ne comprennent pas la valeur de la cohérence. Vous êtes l'élément le plus important dans l'éducation réussie pour un chiot ou un chien adulte nouvellement installé dans votre maison.

Yorkshire terrier nain

Le chien se tourne vers vous pour connaître des limites et des règles. A vous de les établir tout en lui montrant qu'il est le bienvenu dans votre monde. L'éducation peut prendre quelques jours – ou cela peut prendre des mois. Chaque chien est différent.

Il faut au moins plusieurs semaines ou quelques mois pour établir un programme d'éducation satisfaisant avec un chiot. Certains propriétaires disent que les chiots sont plus faciles à former, car ils n'ont eu aucune expérience négative.

D'autres propriétaires insistent sur le fait qu'un chien plus âgé est plus facile à entraîner parce qu'il a une vessie mieux développée, qu'il peut attendre plus longtemps entre les pauses pipi et qu'il sait quelque chose à propos de l'éducation. Peu importe ce qui est bien ou mal, il s'agit seulement de s'occuper du chien de la manière la plus positive possible pour que vous donniez de bonnes leçons, sans instiller aucune peur. Cela est primordial.

L'ancienne méthode d'éducation était axée sur la punition – frapper un chiot avec du papier enroulé pour lui faire arrêter d'avoir des accidents et le punir à nouveau parce qu'il avait uriné sur le sol au lieu du journal.

Inutile de le dire, un chiot traité de cette manière a rarement eu le comportement désiré. Le renforcement positif montre au chiot exactement ce que vous voulez qu'il fasse en récompensant le comportement adéquat avec des éloges et de l'affection.

Ce sont des motivations beaucoup plus puissantes pour votre chien que la punition. Si votre chien sent que vous allez bientôt rentrer à la maison, il fera tout son possible pour attendre la pause pipi. Mais si vous êtes à la maison à l'heure un jour, tard le lendemain et plus tard le jour suivant, alors votre chien est assez intelligent pour s'abandonner quand il en ressent le besoin. Ce n'est pas son choix – surtout s'il est dans un chenil ou une toute petite pièce parce qu'il n'aime pas combiner son urine avec son espace personnel.

Perdre cette consistance l'amènera à s'abandonner et aller contre son instinct de faire ses besoins dans un endroit séparé. La formation nécessite du temps, vous devez donc être prêt à vous programmer pour cette tâche jusqu'à ce qu'elle soit complète et satisfaisante. Ce sera alors un plaisir pour votre chien et pour vous-même.

Cela va interrompre votre emploi du temps et vous faire regarder l'horloge. Si vous faites ce sacrifice pendant les semaines nécessaires pour éduquer votre chien, alors vous aurez terminé le processus.

C'est un petit prix à payer pour un chien bien éduqué et heureux qui vivra confortablement chez vous pendant de nombreuses années. À la fin de la période d'entraînement, vous n'êtes pas une épave hurlante et votre chien ne se blottit pas sous les meubles au son de votre voix. Une formation efficace établit un lien durable avec votre chien.

La formation à l'aide d'un chenil est l'approche de l'éducation à la propreté la plus commune pour les chiots dans certains pays.

Placer un chiot dans un chenil peut sembler une méthode restrictive et méchante, mais lorsqu'elle est utilisée positivement, elle peut être efficace pour l'éducation. Par nature, les chiens n'aiment pas faire leurs besoins au même endroit où ils dorment ou mangent.

Maintenant, vous savez pourquoi le journal que vous mettez dans la cuisine à côté des bols du chien n'est pas aussi attrayant pour faire un pipi que votre tapis de salon. L'éducation à l'aide d'un chenil ne procure la réponse souhaitée que si vous êtes à la maison et supervisez les délais.

Confiner un chiot dans un chenil pendant que vous êtes au travail toute la journée n'atteindra pas son but. Incapable de retenir l'urine, le chiot fera ses besoins dans le chenil et perdra cet instinct naturel pour séparer ses besoins des endroits où il dort et mange.

Chiot Husky

En gardant le chiot dans le chenil pendant un temps limité, quand vous le relâcherez, il sera prêt et prêt à faire pipi où vous lui dites d'aller.

Si le chiot souille l'intérieur du chenil, assurez-vous de le nettoyer avant d'y remettre le chiot. Sinon, vous allez réduire vos efforts d'éducation. Vous devez être cohérent dans les moments où vous prenez le chiot pour une pause pipi.

Avec un chiot, ne restez pas plus d'une heure et demie à deux heures au plus afin qu'il fasse ses besoins à un certain endroit, pas n'importe où. Si le chiot fait rapidement son affaire, récompensez-le avec enthousiasme.

Vous pouvez ajouter une récompense alimentaire – cependant, c'est une bonne idée d'offrir différentes choses. Les cookies pour chiens sont formidables, mais votre affection et votre approbation sont de loin la récompense que votre chiot apprécie le plus.

Sauf si vous avez une cour clôturée, vous pouvez également utiliser ces pauses pipi fréquentes pour pratiquer la marche en laisse. Ne pas errer sans but pendant les pauses pipi. Donnez au chien cinq minutes pour faire ses besoins, puis revenez à l'intérieur.

Cela enseignera au chien que les promenades occasionnelles sont pour le plaisir, mais les sorties pipi sont courtes et utiles. Vous serez heureux d'avoir enseigné cette leçon lorsque, plus tard, votre chiot devenu adulte vous réveillera à 3 heures du matin avec un besoin désespéré pendant les nuits d'hiver où la température est au plus bas.

Pour vous aider à surveiller l'éducation à la propreté, tenez un journal des moments que votre chiot passe dans le chenil et à quelle fréquence vous le sortez. Au début, vous devrez peut-être le sortir toutes les 45 minutes à une heure pour de courtes pauses.

Lorsque vous trouvez que cela fonctionne, prolonger le temps de 15-20 minutes chaque période. Dans quelques semaines, vous apprendrez les moments de la journée où le chiot a le plus besoin de faire ses besoins et combien de temps il peut attendre entre les pauses.

Ne le punissez pas pour avoir des accidents. Il suffit de réviser le programme d'entraînement pour raccourcir le temps entre les pauses pipi. Si votre chiot ne réussit pas à faire pipi après plusieurs pauses, soyez malin et limitez son accès à une cuisine ou à une salle de bain où le carrelage vous permettra de limiter les dégâts et de nettoyer plus facilement.

Vous ne voulez pas qu'un chiot avec une vessie pleine commence à jouer activement ou soit excité. Ces distractions entraînent souvent des accidents. Après une pause pipi réussie, vous pouvez donner l'accès à toute la maison comme une récompense supplémentaire. Cela entraînera le chien à voir qu'après la pause pipi, il s'amuse avec la famille, ce qui est une autre récompense.

2. Les techniques cruelles d'éducation ne sont plus de mise

Si vous adoptez un chiot et le prenez à la maison, préparez-vous à faire face aux accidents pendant la phase d'apprentissage de la propreté. C'est choquant la façon dont les gens utilisent des tactiques abusives pour empêcher un chiot de faire ce qui lui vient naturellement.

Chiot cocker

Les chiots ne sont pas plus préparés à être instantanément formés à la propreté que les bébés humains. Une période de mise au point doit être atteinte avant que le chiot ne soit prêt à suivre vos demandes et vos attentes.

Le chiot veut désespérément vous faire plaisir et ne comprend pas pourquoi il est puni. Les vieux points de vue de la punition comme moyen d'entraînement à la propreté sont aussi désuets pour les chiens que pour les enfants. Cela ne fonctionne tout simplement pas.

Frotter le nez d'un chiot dans les fèces n'est pas une bonne approche. Il ne vous voit que comme un bourreau et ne comprend pas ce que vous voulez à la place. Il y a un risque très réel de maladie grave pour le chiot après avoir eu un nez plein de bactéries E-coli. Si vous n'êtes pas satisfait du coût de nettoyage de votre tapis, attendez de voir la facture du vétérinaire pour soigner une maladie que vous aurez causée !

Un autre type d'apprentissage de la propreté basé sur la peur consiste à frapper le chien avec un journal enroulé après lui avoir frotté le nez dans les excréments. Si le chiot pouvait parler, il dirait, « Qu'est-ce qui vous fait penser que je vais faire pipi sur le journal dans la cuisine après que vous m'avez frappé avec ? Je ne veux rien avoir à faire avec un journal ! » Frapper un chiot avec un journal enroulé lui apprend tout juste à craindre le journal. Vous devez simplement accepter qu'un chiot fasse des erreurs. Parfois, vous êtes responsable de ces erreurs. Quand vous arrivez à la maison en retard ou que vous dormez plutôt que de prendre le chiot dehors, qu'est-ce que vous attendez de lui ?

Ne punissez pas le chiot parce que vous avez changé l'horaire. Si vous voulez habituer le chiot à un régime de marche le matin et l'après-midi, alors vous devez être cohérent. Vous devez également répondre lorsque le chiot montre des signes d'inconfort, d'irritation ou d'autres moyens d'attirer votre attention.

S'il a besoin de sortir, soyez juste. N'avez-vous pas des jours où vos besoins sont plus fréquents et soudains ? Et si vous aviez une envie intense, mais que votre patron vous demandait de siéger pendant une réunion d'une heure sans pouvoir vous soulager ?

Soyez prudent lors de l'éducation d'un chiot. Enseignez des compétences positives plutôt que d'instiller la peur et de lui montrer à quel point vous êtes méchant. Trop souvent, la frustration du propriétaire enseigne à un chiot de rester à l'écart. Si un chien devient méchant, il y a des chances qu'il l'ait appris d'un méchant propriétaire.

Le monde d'un chiot est ludique, enthousiaste et plein d'aventure. Parfois, chasser cette balle en caoutchouc est si intense qu'il oublie d'aller faire pipi jusqu'à ce que sa petite vessie ne puisse plus attendre et qu'il y ait un accident. Ce n'était pas intentionnel, alors faites attention à la façon dont vous réagissez. Un chiot avec un esprit brisé apprend à chercher une porte ouverte pour s'enfuir et ne jamais revenir.

Chiot dogue

3. Ne laissez pas votre chiot s'habituer à vivre dans le désordre

Quand il s'agit de réduire le désordre dans les pièces, votre chiot peut être plus facile à éduquer qu'un adolescent. C'est parce qu'un chiot – par nature – ne peut pas supporter de vivre dans le même endroit que ses dégâts.

Vous pouvez utiliser cet instinct pour héberger votre chiot avec un minimum de stress pour vous deux. Un chiot qui vient dans votre maison directement de l'éleveur doit faire des ajustements que vous devez considérer.

Non seulement le chiot est dans un environnement étrange, mais il a été pris à sa mère et à ses frères et sœurs. Là où il y avait beaucoup de petits aboiements et d'activité ludique parmi d'autres chiots, il est maintenant un « chien unique » dans une maison où il doit attendre votre temps et votre attention.

Si votre maison est remplie d'enfants, alors le

chiot peut réellement être submergé d'attention et pas assez de temps pour se reposer. Soyez conscient que votre petit chiot a de nombreux ajustements à faire en devenant un membre de votre maison et votre famille.

Chihuahua chiot

Si vous êtes en train d'éduquer votre chiot, tout le monde à la maison doit accepter que ce travail est sous le contrôle d'une personne – ou au moins maintenu sous une seule responsabilité.

Sinon, le chiot gémissant dans le chenil pourrait être libéré par un des enfants (ou un autre adulte) et tout à coup, il y a un accident sur le sol.

Pire encore est de se réveiller dans les heures matinales et de prendre le chiot dans son lit avant d'aller dehors. Malheureusement, le chiot a besoin de faire pipi et l'oreiller est aussi bon que n'importe où. Leçon apprise – au moins la leçon pour les propriétaires.

Vous devrez peut-être éduquer la famille en même temps que le chiot. Expliquez que l'instinct du chien est d'éviter de faire ses besoins où il dort et mange. C'est pourquoi l'éducation à l'aide d'un chenil est une sorte de thérapie d'aversion – le chiot voudra le tenir propre jusqu'à ce qu'il aille dehors pour l'heure de sa pause pipi.

Ensuite, assurez-vous que vous ne laissez pas votre chiot passer du temps dans son propre désordre à l'intérieur du chenil. Si vous interrompez constamment la routine d'éducation, votre chiot apprend que vous n'êtes pas fiable et il accepte de vivre dans le désordre de ses souillures.

Une fois que cela arrive, vous perdez des semaines d'effort. Alors, profitez de l'instinct du chiot pour séparer ses fonctions de vie. Qui sait – peut-être que cela va-t-il déteindre sur votre adolescent !

Chien croisé

4. Ne le grondez pas ! Utilisez le renforcement positif.

Avez-vous déjà remarqué que dès que vous commencez à faire des histoires, votre chiot laisse pendre sa petite tête et rentre sa queue entre ses jambes de désespoir ? Il sait que vous êtes contrarié et n'a aucune idée de ce qu'il faut faire à ce sujet.

Yorkshire terrier nain

Si c'est à cause de son « accident » sur le sol, il est vraiment confus. Il avait envie et vous n'étiez pas là pour le sortir – ou vous étiez trop occupé derrière l'ordinateur ou à lire un livre pour remarquer ses besoins.

À un moment donné, sa vessie ne pouvait plus tenir et maintenant il a votre attention, mais d'une manière négative. Gronder un chiot (ou même un chien adulte) qui est nouveau dans votre maison pour les accidents est inutile et contre-productif.

Tout ce que vous enseignez, c'est que vous avez un tempérament coléreux et que votre amour est conditionnel. Vous ne lui montrez pas de cette manière ce que vous voulez qu'il fasse, donc il n'apprend rien ainsi. Au contraire, le renforcement positif se concentre sur l'enseignement de ce que vous voulez que le chiot fasse au lieu de crier à propos de ce que vous ne voulez pas.

Avec le renforcement positif, le chiot fait l'association entre ce qu'il vient de faire et votre éloge. Comme il veut désespérément vous faire plaisir, il essaie de le faire à nouveau pour recevoir votre approbation.

A chaque fois, le comportement devient de plus en plus automatique, de sorte que ce que vous attendez de lui s'impose. Les accidents se produisent toujours – même avec un chien bien éduqué. Les dérangements dans la routine, les visiteurs, le réagencement de la maison et les horaires de vacances ne sont que quelques exemples de ce qui peut amener votre chien à être confus au sujet de ce qui est attendu de lui.

Lorsque vous trouvez un accident, nettoyez-le. Ne lui frottez jamais le nez dedans ou ne le grondez pas verbalement ni physiquement. Tout au plus, marquez votre désapprobation par une expression comme « Oh, non. Qu'est-ce que c'est que ça ? Ce n'est pas bien. » Sans élever la voix, mais en prenant l'intonation de mécontentement.

Si votre chiot semble aller à un certain endroit de la maison, comme une salle à manger moins utilisée pour faire ses besoins, restreignez l'accès à cette pièce en fermant la porte ou en mettant en place une barrière d'enfant.

Si vous êtes dans l'obligation de laisser votre chien dans un chenil pendant des jours ou des semaines, vous devrez peut-être répéter son éducation et lui fournir des pauses pipi plus fréquentes. Faites comme vous l'avez fait quand il était un chiot et faites un tableau de ces pauses afin que vous puissiez prédire ses schémas d'élimination et intentionnellement prévoir ses pauses au plus près.

Votre chiot dépend de vous pour lui donner l'occasion de faire ses besoins quand il en a envie. Votre chien les fera quand il le faut, alors assurez-vous que ses pauses pipi correspondent à ces moments. Lorsque les accidents ressemblent à de la diarrhée, votre chien a l'estomac bouleversé et il est important de bien le surveiller.

Ne le punissez pas pour ce qu'il ne peut empêcher. Vérifiez sa nourriture. Est-ce que c'est périmé ? Avez-vous laissé la nourriture pour chiens en boîte pendant plusieurs heures dans l'emballage ? Cela peut être un danger alimentaire. Assurez-vous que personne dans la famille ne donne des restes de table ou de la malbouffe au chien.

Ceux-ci ne sont pas adaptés pour le chien et peuvent facilement conduire à des maux d'estomac. Tout comme chez les humains, la diarrhée ou d'autres changements soudains dans les habitudes intestinales peuvent signifier que votre chien a un problème médical. Vous vous sentirez horriblement coupable si vous grondez votre chien, seulement pour apprendre qu'il ne pouvait pas contrôler ce problème.

5. Dressage versus éducation

Dresser un chiot commence par une fausse prémisse : dresser. C'est comme si vous vouliez que le chiot cesse d'être un chiot et fonctionne comme un petit jouet parfait. Ce n'est ni juste ni réaliste.

Berger allemand noir

Un propriétaire d'animal de compagnie qui veut établir une relation positive avec son animal de compagnie est axé sur l'éducation. Cette approche montre au chiot comment vivre confortablement dans son environnement.

Oubliez les méthodes de la vieille école qui vous apprennent à commencer l'apprentissage du papier et à dresser un chiot le premier jour où il est à la maison. Que vous rameniez chez vous un chiot ou un chien adulte, vous amenez cet animal dans l'environnement qu'il ne connaît pas, dans un environnement totalement étranger où il doit encore trouver ses repères.

Le chien n'a aucune idée de ce que voulez et s'il a le droit d'aller dans la chambre ou au contraire si elle lui est interdite. Un chien d'asile ou un chiot élevé en chenil est tellement excité d'avoir de l'espace pour courir et la liberté d'errer que votre maison est un parc à thème virtuel empli de senteurs et de merveilles. Ajoutez à cela la présence d'autres animaux de compagnie ou d'enfants et l'excitation est presque trop pour lui.

L'éducation prend beaucoup de votre temps. Vous devez travailler avec votre chien dans chaque pièce. Si le salon est interdit et que vous le remarquez en train de renifler un pipi qu'il vient de faire, prenez-le ramasser doucement, dites « Non » fermement sans crier, puis placez- le sur le sol de la cuisine sur ses journaux ou, encore mieux, si vous le pouvez emmenez-le dehors.

Vous devrez peut-être répéter l'opération des dizaines de fois jusqu'à ce qu'il reçoive le message, mais à la fin, il comprendra ce que vous attendez de lui. Assurez-vous d'équilibrer les espaces « non non » avec les espaces « oui ». Une fois que votre chien a appris les règles essentielles de la maison, vous devez toujours tenir compte de l'inattendu.

Un chien, en particulier un chiot, qui est seul et effrayé par un orage ou d'autres bruits forts peut avoir un petit accident. Ou il peut y avoir un problème médical qui nécessite votre attention. Comme les humains, les chiens peuvent avoir des infections des voies urinaires qui rendent le contrôle de la vessie difficile.

Un changement soudain dans les niveaux d'entraînement peut indiquer que le changement de comportement de votre chien provient d'un problème physique et non d'un défi. Comme votre chien vieillit, le contrôle de la vessie échouera tout comme il le fait pour de nombreux humains vieillissants.

Tout changement drastique dans la routine peut aussi aider votre chien à réussir son apprentissage de la propreté. Les visites à des parents, le réagencement de la maison ou la détresse émotionnelle sont autant de facteurs qui peuvent faire en sorte qu'un chien soit négligent dans l'éducation à la propreté.

Pensez à ce qui se produit autour de la maison comme des raisons possibles pour lesquelles le chien se sente confus à propos de ce qui se passe autour de lui et réagisse de manière erratique. Rétablissez l'ordre patiemment et renforcez l'éducation de manière positive.

Cavalier King Charles

6. Apprendre la propreté aux chiens de petite taille

Certes, les petits chiens ne peuvent que faire de petits dégâts. Mais vous paierez les mêmes coûts de nettoyage de tapis pour faire disparaître des taches d'urine si elle est faite par un Chihuahua ou un Doberman. Les petits chiens ont besoin des mêmes bases d'éducation à la propreté que n'importe quel chien.

Chiot caniche nain

Vous devez vous rappeler que leur taille pourrait jouer contre eux en ce sens que leurs minuscules vessies ne tiendront pas autant (ou aussi longtemps) si vous êtes en retard à la maison pour les emmener faire leur besoin. Cela ne dérange pas les petits chiens de vivre dans des appartements ou des maisons sans grands espaces. Ils ont seulement besoin d'un petit endroit pour faire leurs besoins, donc un parterre de fleurs ou une petite caisse de sable pourraient être suffisants.

Certaines personnes se moquent des petits chiens dans leurs pulls en tricot, mais c'est plus qu'une simple déclaration de mode. Pendant les mois d'hiver dans les climats froids, le passage de l'intérieur chauffé à la température extérieure est très dur sur le corps d'un petit chien.

Le refroidissement soudain peut également les détourner du besoin de la propreté et les faire vouloir retourner à l'intérieur. Une fois de plus, l'envie se fait sentir et il n'y a plus d'autre endroit que le tapis. Vous pouvez rendre ces périodes hivernales plus faciles pour votre petit chien en lui mettant un chandail chaud.

Certains petits chiens ne bougeront pas leurs pattes jusqu'à ce qu'ils voient le chandail dans vos mains. Votre petit chien peut totalement refuser d'aller à l'extérieur sous la pluie ou le froid, même avec un chandail sur le dos. Vous devez planifier des options. Peut-être que vous pouvez garder une boîte remplie de papier dans le garage ou une petite caisse de sable comme un WC de secours par mauvais temps. N'utilisez ce produit que pendant des périodes limitées au cours de l'année afin de ne pas décourager le chien d'aller dehors à ses coins habituels pour faire ses besoins.

Si votre petit chien va à l'extérieur dans une cour ou dans le parc, soyez vigilant quant à l'endroit où il marche. Gardez votre chien à l'écart des hautes herbes ou des buissons. Alors qu'il est occupé à essayer de flairer le bon endroit, il est une proie facile pour les serpents dans les hautes herbes. Cela s'applique si vous habitez un endroit où il y a des reptiles.

Cocker

Les propriétaires de petits chiens peuvent devenir insensibles à leurs voisins. Juste parce que les excréments sont petits, n'oubliez pas que c'est toujours du caca de chien. Ramassez-le – votre voisin n'a pas demandé de l'engrais.

Sans compter que le caca d'un petit chien sur leurs chaussures peut ne pas être visible avant d'être déposé sur le tapis. Cela ne vous gagnera pas une invitation au prochain barbecue du voisin. C'est votre responsabilité de nettoyer après votre chien. N'essayez pas de vous en sortir en prétendant que c'est si petit que cela n'a pas d'importance. Cela compte pour tous ceux qui ne possèdent pas de chien.

L'éducation pour les petits chiens est la même que pour les grands chiens. Vous pouvez commencer avec l'éducation et les pauses fréquentes jusqu'à ce qu'une routine soit bien établie. Certains petits chiens peuvent être capricieux, mais uniquement si vous les gâtez trop. Restez ferme. C'est là que le renforcement positif de votre éloge et de votre affection est encore le plus fort. Il est si important que votre chien vous plaise et qu'il soit heureux qu'il est bien juste de consacrer quelques semaines à son éducation.

Berger allemand noir

7. Fixer des horaires pour les pauses pipi

Vous devez mettre en place un emploi du temps. Votre chien ne va pas le faire pour lui-même. Il faut de l'effort et de la surveillance pendant plusieurs semaines à quelques mois pour que votre chien apprenne une routine.

Chihuahua

Vous pouvez aider votre chien à savoir quand c'est le bon moment pour aller faire ses besoins en répétant cette routine régulièrement. Quand la plupart des gens se réveillent, ils vont généralement aux toilettes peu de temps après.

Eh bien, votre chien a besoin de la même courtoisie. Ne vous arrêtez pas pour faire un café ou vérifier le journal – sortez votre chien dès que vous êtes debout et en mouvement. Il s'est retenu toute la nuit, alors ne rendez pas cela difficile.

Gardez la première pause pipi courte, puis amenez-le à l'intérieur pour le petit déjeuner. Laissez votre chien prendre le petit déjeuner pendant que vous vous habillez et préparez-vous pour la journée. Au moment où vous finissez votre café et le petit déjeuner, vous pouvez prendre le chien pour une pause pipi.

S'il a eu le temps de manger et de laisser la nourriture s'installer, il sera prêt pour faire ses besoins avant d'aller dans la pièce où il passe la journée. Avec un chiot, vous devez revenir pour une pause pipi à mi-journée et une pause en milieu d'après-midi.

Lorsque vous êtes au travail, laissez un autre membre de la famille ou un voisin qui accepte de faire ces pauses pour vous. Assurez-vous juste que tout le monde connaît et suit la routine que vous utilisez pour les pauses. Faire les pauses courtes (5-10 minutes) et ne pas mélanger la récréation avec le temps de faire ses besoins. Votre chien doit comprendre clairement la différence et il la fera – si vous êtes cohérent.

Gardez la même routine pour l'heure du dîner. Laissez votre chien faire une pause pipi dès que vous rentrez du travail ou de l'école. Fixez un moment pour nourrir le chien et n'ayez jamais pas plus de trente minutes de retard.

Il est préférable de nourrir le chien tôt dans la soirée, de sorte qu'il digère sa nourriture et soit prêt pour une pause pipi avant le coucher. Suivez la même procédure que le matin.

Comme vous éduquez votre chien, gardez des notes de l'époque. Vous pouvez même créer une liste de contrôle simple à afficher sur le réfrigérateur. Ensuite, toute personne qui nourrit le chien ou le prend pour des pauses pipi peut prendre note de l'heure. Ceci est utile pour remarquer les schémas naturels du chien.

Lorsque votre chien termine son petit pipi, n'oubliez pas de lui faire l'éloge et l'affection. Vous pouvez offrir un biscuit pour chien, mais ce n'est pas nécessaire. Il est tout aussi content de recevoir votre approbation. Au lieu des vieilles méthodes d'entraînement qui punissent un chien pour avoir fait des dégâts dans la maison, vous adoptez l'approche positive la plus efficace pour lui montrer l'approbation pour faire le travail pendant une pause pipi programmée.

Puisque votre chien veut que vous l'aimiez, il sera prêt à faire de son mieux pour vous plaire. Ne le rendez pas difficile pour lui. Si vous êtes en retard et ratez l'heure, nettoyez et revenez sur la bonne voie sans le gronder. Votre chien dépend de vous pour beaucoup de choses, y compris rester propre. Il ne veut pas gâcher son espace – ou le vôtre – alors, aidez-le à faire ce qu'il faut en respectant une routine.

Dalmatien

8. La laisse et le chenil

La plupart des chiens n'ont pas la possibilité de parcourir une grande cour à volonté. Ils sont plus susceptibles de passer la journée à l'intérieur pendant que les membres de leur famille sont au travail et à l'école. Cela peut rendre plus difficile le maintien d'un programme d'entraînement à la propreté.

Une combinaison d'éducation en chenil et à l'aide d'une laisse fonctionne pour certains chiens. Si le chien adulte est nouveau dans votre famille ou retourne à la maison après un certain temps dans une pension pendant votre absence, vous devrez peut-être ajuster son apprentissage de la propreté.

Une option est de le renvoyer au chenil pendant la journée et peut-être utiliser une laisse qui n'est pas trop restrictive lorsque vous êtes présent afin qu'il reste dans une partie de la maison. Garder le chien en laisse ou dans le chenil 100% du temps n'est pas la réponse totale – c'est simplement une partie du processus.

Berger des Shetlands

Commencez comme vous le feriez avec un chiot et organisez des pauses pipi régulières. Assurez-vous de respecter les pauses avec suffisamment de temps après l'alimentation pour que le chien puisse faire quelque chose de significatif lors de la promenade à l'extérieur.

Passez le week-end en l'observant attentivement chaque fois qu'il sort du chenil pour que vous commenciez à reconnaître les signes quand il a besoin de faire ses besoins. Il peut trembler, renifler, s'agiter ou commencer à s'accroupir. Ce sont les signaux pour arrêter ce que vous faites et le prendre immédiatement dehors.

N'oubliez pas de le féliciter abondamment quand il fait pendant la pause pipi. C'est le renforcement positif nécessaire pour montrer à votre chien où il est censé faire son affaire.

Si, pendant votre absence, votre chien est resté dans une pension où il a éliminé, mangé et dormi dans le même endroit, il a peut-être perdu son entraînement antérieur. Il est aussi probablement très déprimé et découragé.

Les chiens n'aiment pas mélanger leurs excréments avec l'espace de vie. Il a donc besoin de recommencer son éducation et d'avoir confiance dans ses compétences et dans l'adulte qui le sort quand il doit faire ses besoins.

Un chien plus âgé a probablement un meilleur contrôle de la vessie qu'un chiot, donc il peut généralement passer plus de temps entre les pauses pipi. Cependant, votre chien peut avoir une infection urinaire, une diarrhée ou un autre problème médical qui est la cause réelle de ses accidents.

Si vous voyez un changement notable dans le comportement de votre chien et s'il n'y a pas de raison apparente pour cela (comme un changement d'horaire ou dans son alimentation, des invités, etc.), alors vous devriez le faire ausculter par le vétérinaire. Les problèmes de propreté peuvent être un symptôme d'un plus grand problème.

Pendant le temps qu'il est traité pour un état de santé, allez-y doucement sur l'apprentissage de la propreté. Votre chien doit se sentir bien et être raisonnablement capable de gérer son urine et son élimination afin qu'il puisse coopérer avec votre entraînement.

Gardez-le en laisse quand il n'est pas dans le chenil et prenez soin de lui en prenant soin de remarquer les signes qu'il lance pour aller faire ses besoins pendant qu'il se rétablit.

Chiot

9. Que faire si vous ne voulez pas utiliser un chenil ?

Vous pourriez penser que les chenils avec leur aspect de cage sont idéals pour l'expédition de marchandises, mais que les chiens sont des créatures vivantes qui méritent mieux que cela. Pour vous, amener un chien dans votre maison, c'est ajouter un membre à votre famille.

Boxer

Ce n'est pas un jouet à mettre dans le chenil pendant que vous êtes occupé et à prendre quelques heures quand vous avez le temps.

Vous croyez que ce n'est pas juste pour le chien. L'éducation à l'aide d'un chenil peut être une méthode populaire pour l'entraînement à domicile, mais vous n'avez pas à le faire pour entraîner votre chien avec succès si vous ne le désirez pas.

Comme vous entraînez le chien à attendre entre les pauses pipi ou jusqu'à ce que vous reveniez à la maison, vous pouvez l'isoler dans une zone plus petite. Une salle de bain, une buanderie ou une cuisine carrelée est un bon choix. La pièce doit avoir un plancher facile à nettoyer et un bon endroit pour dormir pour votre chien.

Fermez la porte ou ajoutez une porte de bébé. Quand vous êtes à la maison, utilisez la porte de bébé pour que vous puissiez observer le chien et qu'il ne se sente pas puni en étant loin de vous. Vous pouvez également regarder à ses signes physiques s'il a besoin d'une pause pipi.

Les chiens ont leurs propres mouvements caractéristiques et bien précis. Certains semblent agités, tournent partout ou tremblent quand ils ont besoin. D'autres reniflent dans un cercle et commencent à s'accroupir quand le moment est venu. Vous devez toujours suivre la même approche pour établir un calendrier d'alimentation régulier et un suivi avec des pauses pipi.

Quand vous rentrez chez vous pour sortir le chien, mettez-lui la laisse et dirigez-vous directement vers l'extérieur. Ne le laissez pas courir autour de la maison en célébrant sa liberté. Dans son excitation, il laissera une flaque sur le tapis – pas parce qu'il est en colère contre vous, mais parce que son enthousiasme a vaincu son contrôle de la vessie.

Les défenseurs de la formation à l'aide du chenil insistent sur le fait que c'est le meilleur et le plus rapide pour éduquer un chien. Les opposants sont totalement en désaccord, affirmant que la différence de quelques semaines n'est rien comparée à un chien bien ajusté qui se sent comme un membre de la famille plutôt que comme un prisonnier de guerre la plus grande partie de la journée.

Si votre chien est dans une petite pièce, il a probablement plus d'espace que dans un chenil. Il a aussi un grand plafond au-dessus de lui, alors il se sent libre et heureux. Vous pouvez désigner un endroit de la pièce pour un pipi d'urgence et il aura encore de la place pour s'en éloigner.

Votre chien va être un membre de votre famille pendant de nombreuses années. Alors, que faire si cela prend un peu plus de temps pour l'éduquer ? Vous devrez peut-être utiliser une petite pièce pour les nuits en attendant qu'il soit assez adulte ou assez bien éduqué pour attendre jusqu'au matin pour aller faire ses besoins.

Même si vous adorez votre chiot, ce n'est pas le moment de l'affaiblir et de le prendre dans votre lit. Vous allez tous les deux vous réveiller dans une flaque froide. Donnez-lui le temps de s'adapter à l'entraînement, ensuite vous pourrez l'accueillir dans un lit moelleux dans votre chambre, ou lui remettre un oreiller supplémentaire si vous le souhaitez.

Berger australien

10. Surveillez l'alimentation de votre chien pendant la période d'acclimatation

Comme votre chien apprend à suivre une routine d'apprentissage de la propreté, vous devez éviter de faire quelque chose qui rende les leçons plus difficiles. Une façon d'aider ce processus consiste à gérer l'apport alimentaire du chien.

Au fur et à mesure que vous surveillez et notez les moments où il doit faire ses besoins, vous remarquerez un schéma d'élimination de votre chien. Assurez-vous que la nourriture que vous fournissez ne compromet pas l'entraînement que vous lui faites suivre.

Nourrissez votre chien à la même heure chaque jour. Si vous le nourrissez le matin avant de partir au travail, donnez la nourriture dès que vous vous réveillez. Le chien peut manger et commencer à digérer pendant que vous vous habillez et prenez votre petit-déjeuner.

Beagle

Ensuite, le chien sera prêt à faire ses besoins avant votre départ. Ne laissez jamais la nourriture à disposition du chien toute la journée. Si votre chien (surtout un chiot) mange tout au long de la journée sans pouvoir allez faire ses besoins vous demandez un accident.

Pour l'éducation en chenil d'un chiot, assurez-vous qu'il y a un approvisionnement en eau dans un récipient qui ne basculera pas. Laissez également quelques petits biscuits ou gâteries pour chien au cas où il aurait faim pendant la journée – mais ne laissez pas un repas complet.

Quand vous arrivez à la maison, sortez le chien et nourrissez-le. N'attendez pas tard le soir pour nourrir le chiot, sinon vous nettoierez les excréments dans le chenil ou sur le tapis. Prévoyez un délai raisonnable pour la digestion.

Peu importe combien le chien supplie, ne donnez pas des restes de table ou des collations. Ceux-ci ne sont pas bien tolérés par la plupart des chiens et certaines friandises peuvent être nocives pour lui (et pas si bonnes pour vous non plus).

Juste parce qu'un chien va manger tout ce que vous lui donnez dans les restes de nourriture ne signifie pas que c'est approprié pour lui. Le nourrir avec le mauvais type d'aliments est susceptible d'entraîner une diarrhée. Si vous ne donnez pas à votre chien les friandises non nutritives et la malbouffe que vous mangez, il ne développera pas un goût pour cela – ce qui est certainement mieux pour tout le monde à long terme.

La nourriture pour chiens de haute qualité est faite avec des nutriments ajoutés et conçue pour l'âge et le poids de votre chien. Si vous êtes sur un budget, trouvez un endroit pour lésiner autre que votre budget de nourriture pour chiens. Les aliments pour chiens à bas prix peuvent contenir des ingrédients qui causent des maux d'estomac et ont une valeur nutritionnelle minimale, de sorte que votre chien peut grossir, mais ne grandira pas et ne prospéra pas.

Si votre chien a la diarrhée (même s'il s'agit

d'aliments de haute qualité), consultez votre vétérinaire. Il peut y avoir un ingrédient dans la nourriture qui n'interagit pas bien avec le système digestif de votre chien. Demandez au vétérinaire une recommandation. Si la prochaine nourriture de haute qualité obtient les mêmes résultats, alors votre chien peut avoir une maladie interne ou une allergie alimentaire que le vétérinaire peut diagnostiquer.

Bully américain

Conclusion
Adopter un chien adulte ou un chiot ?

Nous avons vu qu'apprendre la propreté à un chien demande beaucoup de patience, de persévérance et de cohérence. Amener un chien adulte dans votre maison exige autant d'efforts de votre part et de la part de la famille qu'un chiot. C'est une erreur de penser que, simplement parce que le chien est adulte et qu'il a peut-être été éduqué dans une maison, il s'adaptera sans effort chez vous.

Pug

Ce n'est pas réaliste. Le chien doit faire de nombreux ajustements à son nouvel environnement et ne sait pas instinctivement que vous ne lui permettez pas de faire pipi sur le sol – en particulier si son propriétaire précédent ne semblait pas s'en soucier ou s'il avait un jardin à disposition.

Ne faites pas l'erreur de supposer que, parce qu'il est un chien adulte, il va juste « savoir » quoi faire. Commencez avec lui comme s'il était un chiot et apprenez-lui progressivement la routine dans votre maison.

Vous avez probablement besoin de commencer avec l'éducation de sa place ou la restriction d'une pièce. Ensuite, définissez un horaire pour les pauses pipi. Les chiens adultes sont très difficiles pour trouver à l'extérieur l'endroit où faire leurs besoins, tout comme ils n'aiment pas les faire près de l'endroit où ils dorment ou mangent.

Aidez-le à trouver cet endroit dans votre cour ou à l'extérieur en marchant et en l'y emmenant pour des pauses ultérieures et fréquentes au début. Vous devez le surveiller pendant plusieurs semaines pour apprendre les schémas d'élimination de votre chien.

Vous devez également régler les heures d'alimentation matin et soir. Il n'a peut-être pas eu une telle vie organisée, donc cela pourrait prendre du temps pour l'ajustement. Ne croyez pas ce vieil adage, « Vous ne pouvez pas apprendre à un vieux chien de nouveaux trucs. » Ce n'est pas l'âge du chien qui compte, c'est la constance du propriétaire.

Si votre chien vient d'une maison sévère, même s'il était juste frappé avec du papier pour tous les accidents, alors vos efforts d'entraînement peuvent prendre plus de temps. Vous devez d'abord gagner sa confiance et comprendre qu'il a besoin de temps pour se sentir à l'aise dans sa nouvelle maison.

Il y aura des accidents, alors préparez-vous à nettoyer et à aller de l'avant. Ne présumez pas qu'un chien adulte sera plus facile à éduquer qu'un chiot. Les deux chiens seront confrontés aux mêmes problèmes d'ajustement. Vous devez vous entraîner avec cohérence et affection afin de renforcer les réponses que vous voulez répéter.

Un chien mâle plus âgé peut être habitué à marquer son territoire en y urinant. C'est un comportement instinctif pour les chiens mâles – vous n'allez pas l'en empêcher sans une bonne éducation ou en le faisant stériliser.

Table des étapes :

Merci d'avoir lu « Votre chien 2. Lui apprendre la propreté. 10 étapes simples et efficaces ». Si vous avez apprécié cette lecture, j'aimerais vous demander une faveur : celle de retourner à l'endroit où vous avez acheté ce livre pour y laisser un commentaire honnête. Les auteurs vivent et meurent de leurs critiques, et les quelques secondes qu'il vous faudra pour le faire nous aident vraiment.

PS : J'espère que « Votre chien 2. Lui apprendre la propreté. 10 étapes simples et efficaces » vous a aidé à atteindre votre but.

Cette méthode m'a permis d'éduquer mes chiens à la propreté sans cris, sans crises et sans larmes, je pense qu'elle pourra aussi vous permettre d'éduquer le vôtre.

Si vous désirez parler plus avant de votre chien et de vos dilemmes, n'hésitez pas à me contacter via mon site Internet

http://www.murielleluciecIement.com
ou par mail : clementml@me.com

Vous pouvez aussi aller visiter mon blog : www.aventurelitteraire.com

AVIS DE NON-RESPONSABILITÉ / AVIS JURIDIQUES : Cet ouvrage est fourni à titre d'information seule et, telle que connue dans ce domaine par l'auteur.

Conséquemment, le contenu de ce document ne constitue pas un avis professionnel. Les renseignements et les idées notés ici représentent l'opinion de l'auteur à la date de publication. En raison du rythme auquel les conditions changent, l'auteur et l'éditeur se réservent le droit de modifier et de mettre à jour leur opinion en fonction des nouveaux développements. Cet ouvrage est conçu pour fournir des informations précises et faisant autorité en ce qui concerne le sujet couvert. Il est vendu avec la compréhension que l'éditeur et l'auteur ne sont pas engagés dans la prestation de conseils juridiques, comptables ou autres professionnels. Si un conseil juridique ou une autre assistance professionnelle est nécessaire, les services d'un professionnel compétent doivent être recherchés par le lecteur. Il est conseillé au lecteur de consulter un professionnel qualifié avant de prendre une décision d'affaires, de santé ou autre.

Nous n'acceptons aucune culpabilité pour toute responsabilité résultant des décisions prises par les acheteurs de ce livre. Toute allégation perçue de personnes ou d'organisations spécifiques n'est pas intentionnelle.

Imprimé sur
Amazon
KDP

www.ingramcontent.com/pod-product-compliance
Lightning Source LLC
LaVergne TN
LVHW010940110826
845149LV00013B/2685